DISCOURS

PRONONCÉ

dans l'Église primatiale de Saint-Jean

DE LYON

A L'OCCASION DU MARIAGE

DE

Mlle Lucie LABLATINIÈRE

AVEC

M. Jules RONOT

Capitaine au 140e d'Infanterie

PAR

M. BERNARD

PROFESSEUR HONORAIRE DE LA FACULTÉ DE THÉOLOGIE

ET MISSIONNAIRE DU DIOCÈSE DE LYON

Le 17 Février 1886

LYON

IMPRIMERIE MOUGIN-RUSAND

3, rue Stella.

—

1886

Mademoiselle, mon cher Capitaine,

Dans leur foi simple et naïve, nos pères avaient coutume de dire : « Les mariages sont écrits dans le ciel. » Je serais tenté, moi aussi, je l'avoue, de faire à votre mariage l'honneur d'une inscription anticipée au grand livre du bon Dieu ; car n'est-ce pas à un concours providentiel de circonstances que vous avez dû de pouvoir vous rencontrer ? Noyon est si loin de Lyon !

Heureusement pour vous qu'avec notre régime militaire actuel il n'est plus de distance ! Cela est vrai dans toute l'étendue du terme : les distances morales elles-mêmes, les barrières des préjugés qui séparaient antrefois la société civile de la société militaire, ont à peu près disparu. Chaque jour de nouvelles unions viennent confirmer ce fait.

A quoi faut-il attribuer cet heureux résultat ? Sans doute la loi qui rend le service obligatoire et qui exige que tous nos jeunes gens passent sous les drapeaux un temps plus ou moins long, n'a pas peu contribué à rapprocher l'élément civil de l'élément militaire. Mais à ces bonnes relations n'est-il point d'autres causes ? Pour moi, je crois qu'il s'est produit depuis quelques années un progrès considérable dans nos mœurs.

Ce qui est certain, c'est que, grâce à leur admirable courtoisie, nos officiers français conquièrent sans peine leur droit de cité dans toutes les villes où le sort les envoie; ils ne sont des étrangers nulle part. Si j'osais exprimer toute ma pensée, je dirais que les chefs de notre armée ont su, par leur exquise urbanité, leurs manières distinguées, leur entrain, leur conversation enjouée, spirituelle, par leur sentiment profond de l'honneur, créer en leur faveur, au sein de notre milieu social, un large courant de sympathie, qui se manifeste de plus en plus par la confiance des familles et par le prix qu'on attache à leur alliance.

De plus, les jeunes personnes elles-mêmes se montrent plus accessibles à l'idée d'un mariage militaire. Ont-elles été éclairées par nos malheurs nationaux ? Est-ce qu'un esprit plus large préside à leur éducation ? Je ne saurais le dire. Toujours est-il que ni elles ni leurs mères n'éprouvent plus en général, pour une union de ce genre, cette répulsion instinctive qu'il m'a été donné plusieurs fois, à mon grand étonnement, de constater.

Certes, il faut le reconnaître, la carrière militaire est une carrière de dévouement. Il s'ensuit que des sacrifices presque quotidiens peuvent s'imposer aussi bien à la femme qui a épousé un officier qu'à cet officier lui-même. En temps de guerre, le sacrifice peut aller jusqu'à l'héroïsme.

Mais pour nos jeunes filles le mariage ne serait-il qu'une partie de plaisir ? Ou bien pourrait-on dire que le courage et le dévouement à la cause sacrée de la patrie sont le lot exclusif du sexe fort, et que nos femmes françaises n'en connaissent ni le charme ni le prix ? Notre histoire toute entière proteste contre une semblable assertion. Epouses et mères savent chez nous, quand il le faut, être des héroïnes ; à l'heure du danger, leur âme est susceptible de se grandir à la hauteur de la situation ; leur cœur généreux a toujours battu à l'unisson de celui de la France.

Que des idées vraies, que des doctrines fortifiantes deviennent les guides de nos jeunes générations, que l'enseignement chrétien, qui se résume à l'idée de sacrifice, soit mieux compris, et l'on verra les germes du dévouement, de l'héroïsme même se développer avec une prodigieuse facilité dans les âmes vierges de notre jeunesse féminine. C'est aux mères à opérer cette merveille. Qu'elles élèvent leurs enfants dans une atmosphère saine,

qu'elles bannissent du foyer domestique ce maté-
rialisme et cet amour des jouissances qui nous
tuent, et alors bon nombre de nos jeunes filles
aspireront à partager avec nos officiers la gloire
de vivre en se sacrifiant pour la patrie ; elles aime-
ront du moins à être, dans leur modeste sphère,
les compagnes dévouées, les soutiens de ses dé-
fenseurs. Un tel rôle est beau, et c'est celui qui
vous attend, Mademoiselle ; j'ajouterais qu'il vous
convient, si je ne craignais de froisser votre mo-
destie. Car vous avez été élevée par une mère
intelligente, sous la direction d'un père qui était
un homme éminent ; votre éducation a été sé-
rieuse, noble et profondément imprégnée de chris-
tianisme. Plus tard, les circonstances ont fait de
vous comme une sœur de charité. Avec quelle
tendresse dévouée on vous a vue veiller au chevet
de vos parents, de vos neveux malades ! Vous avez
fait même l'apprentissage des devoirs de la mater-
nité dans la maison et à l'école de vos charmantes
sœurs, si bien que les chers enfants, objets de vos
soins délicats, ne savaient laquelle aimer davan-
tage ou de leur tante Lucie ou de leur mère. Vous
ferez servir au bonheur de votre époux et de vos
propres enfants ces habitudes de générosité et de
dévouement. Cette grâce, cet enjouement, cette
bonté d'âme que vous avez montrés au foyer pa-
ternel, vous accompagneront dans cet intérieur de
la famille que vous allez fonder et dont vous serez

le plus bel ornement. C'est là qu'après ces journées de fatigue, que comporte l'état militaire, votre mari viendra avec empressement chercher le repos, la paix, les douces joies du cœur ; c'est là que tous deux, dans les épanchements d'une mutuelle affection, dans la sécurité d'une confiance qui se sent partagée, vous prendrez la part la plus large possible de ce bonheur si recherché ici-bas et dont pourtant la marâtre nature se montre si avare.

Pour vous, mon cher capitaine, je ne puis que vous féliciter de ce que le ciel vous permet d'achever votre vie en compagnie d'une épouse si bonne, si aimable, si affectueuse. Vous la connaissez déjà depuis longtemps ; vous avez pu la contempler à l'œuvre ; le passé vous répond de l'avenir. Telle vous l'avez admirée pour les siens, telle vous la retrouverez pour vous. Et puisque vous jouissez de l'heureux privilège, que l'on n'a pas toujours à votre âge, de posséder encore votre bon père, votre excellente mère, vous pouvez avoir l'assurance que votre nouvelle compagne saura élargir son cœur pour faire à vos dignes parents, à votre sœur, la place qu'ils méritent dans son affection. Le *dilata cor tuum* de nos saints livres est facile à ceux dont le cœur est de bonne heure ouvert aux saintes et légitimes tendresses.

Elle sera d'ailleurs entre vos mains une cire malléable, parce qu'elle a confiance en vous. Elle ne s'est donnée qu'à bon escient. Elle a su apprécier votre aménité de caractère, votre gaieté de bon aloi, et ces hautes vertus qui vous distinguent et qu'on apprend si bien à l'école de l'armée française, la loyauté, la droiture d'âme et la sincérité.

Ce sont ces qualités qui vous ont gagné son cœur en même temps qu'elles vous ont valu la sympathie de toute sa famille. Oui, cette famille, une des plus honorables de notre cité, qui unit les gloires de la science juridique et de la grande parole à celle de l'art, et j'ose dire, si une femme modeste me le permet, à celles de la charité, vous ouvre aujourd'hui avec plaisir ses rangs, convaincue que l'honneur militaire est aussi une noblesse et que votre grand cœur est pour son enfant chérie un gage de félicité.

L'avenir se présente donc à vous, chers époux, sous les plus brillants auspices. L'alliance que vous allez contracter vous offre, humainement parlant, les plus sérieuses garanties. Il ne vous reste plus, afin de consolider vos espérances, qu'à les mettre sous la protection du ciel et à solliciter la bénédiction de Dieu. Vous êtes ici pour la recevoir. Avec quelle satisfaction de cœur, moi votre ami, l'ami reconnaissant de toute votre famille, je vais la faire descendre sur vos têtes.

Je n'ignore pas que de nos jours beaucoup de gens ne veulent voir dans la cérémonie religieuse d'un mariage qu'une vaine formalité, à laquelle on se soumet, parce que, jusqu'à nouvel ordre, la mode l'exige, et que la société n'admet aux bénéfices sociaux de l'union conjugale que ceux qui se sont pliés à cette condition.

Pour ces indépendants de la pensée, quelques gouttes d'eau prétendue bénite ne sont qu'une bien médiocre consécration surajoutée aux serments des époux.

Il faut plaindre ceux dont le cœur, hélas ! n'est pas à la hauteur de l'idée religieuse. Comme leurs facultés supérieures n'ont reçu aucun développement et sont restées à l'état de germe, on ne peut pas plus leur faire comprendre la grandeur de la religion qu'à un aveugle de naissance la théorie des couleurs.

Mais vous, chers époux, vous tous ici présents, mes frères, vous avez le bonheur de croire que le prêtre est le représentant du Dieu qui vit et qui voit, *viventis et videntis ;* que ce qu'il consacre sur la terre, Dieu le consacre dans le ciel ; que les serments qu'il reçoit de la bouche des époux, Dieu les entend, Dieu les bénit et qu'il les accompagne de toutes les grâces dont les époux ont besoin pour observer fidèlement jusqu'à la fin de leur vie les promesses qu'ils se sont faites. Ces quelques gouttes d'eau bénite que nous versons sur la tête des époux chrétiens avec la parole de Dieu, cette parole qui a créé le monde, sont comme une semence pleine d'une glorieuse fécondité. C'est peu de chose, sans doute ; mais, qu'est-ce parmi les hommes qu'un mot qu'on se dit parfois à l'oreille et qui a le pouvoir de remuer si profondément un cœur que sa trace en est ineffaçable. Or, dans les Sacrements de l'Eglise, le signe qui opère est un mot de choses, mais un mot divin, qui a son contre-coup dans l'éternité.

Le mariage des chrétiens ayant été élevé par Notre Seigneur Jésus-Christ à la dignité de sacrement, les paroles sacramentelles opéreront dans vos âmes, chers époux, des choses merveilleuses. Votre union aura tous les caractères de l'union admirable contractée par le divin Sauveur avec la nature humaine. Elle sera cimentée par son sang et fécondée par lui.

Les liens qui vous uniront ne seront plus de l'ordre humain ; rien au monde ne saurait les briser. *Quod Deus conjunxit, homo non separet.* Votre amour même aura une force toute divine et rappellera l'amour profond comme le ciel, que Dieu porte à notre pauvre humanité. Ah ! si vous recevez avec foi le sacrement de mariage, si dans votre nouvelle condition vous vivez d'une manière conforme aux lois de Dieu, nous ne craignons pas que vous cessiez un jour de vous aimer ! La fidélité coûte en somme très peu aux époux chrétiens. Leur amour, fait de flammes divines, est un feu qui consume tout ce qui se trouve en eux de goûts trop personnels, d'affections purement égoïstes, en un mot, tout ce qui tend à désunir les cœurs. Mais le lien

qui les rattache le plus fortement l'un à l'autre,
c'est l'enfant. Quand Dieu a mis sur leurs genoux
cette image vivante d'eux-mêmes, qui oserait leur
parler de séparation ?

Voilà pourquoi nous n'hésitons pas, chers époux,
à vous engager, au nom de Dieu et de l'Eglise
catholique, à prononcer ces serments d'amour
éternel qui sont la condition nécessaire du mariage,
tel qu'il a été institué par Notre Seigneur Jésus-
Christ. Sans doute la vie à deux ne sera pas plus
pour vous que pour d'autres exempte de soucis et
de peines ; bien que basée sur un attrait véritable,
votre union ne vous offrira point que des avantages,
elle aura aussi ses sujétions. Mais si jamais le joug
de la vie commune vous semble dur, n'oubliez pas
qu'il sera adouci par la grâce attachée par son divin
fondateur au sacrement de mariage.

Venez donc, chers époux, recevoir ce sacrement ; venez vous incliner, avec toute la confiance
dont vous êtes capables, sous la main de Dieu qui
veut vous bénir. Pendant ce temps, vos parents et
vos amis, pressés à vos côtés, feront des vœux
pour la félicité de votre union. Tous ensemble,
nous demanderons pour vous à Dieu, qu'après
avoir mené sur la terre une vie longue et heureuse,
vous ayez, au terme de votre existence, l'ineffable
joie de vous retrouver unis pour toujours dans la
céleste patrie. Ainsi soit-il.